Flávia Bizzotto

Dicas Preciosas em Iluminação

Dicas Preciosas em Iluminação
Copyright© *Editora Ciência Moderna Ltda., 2014*

Todos os direitos para a língua portuguesa reservados pela EDITORA CIÊNCIA MODERNA LTDA.
De acordo com a Lei 9.610, de 19/2/1998, nenhuma parte deste livro poderá ser reproduzida, transmitida e gravada, por qualquer meio eletrônico, mecânico, por fotocópia e outros, sem a prévia autorização, por escrito, da Editora.

Editor: Paulo André P. Marques
Produção Editorial: Aline Vieira Marques
Capa: Carlos Arthur Candal
Diagramação: Carlos Arthur Candal
Copidesque: Eveline Vieira Machado
Assistente Editorial: Dilene Sandes Pessanha

Várias **Marcas Registradas** aparecem no decorrer deste livro. Mais do que simplesmente listar esses nomes e informar quem possui seus direitos de exploração, ou ainda imprimir os logotipos das mesmas, o editor declara estar utilizando tais nomes apenas para fins editoriais, em benefício exclusivo do dono da Marca Registrada, sem intenção de infringir as regras de sua utilização. Qualquer semelhança em nomes próprios e acontecimentos será mera coincidência.

FICHA CATALOGRÁFICA

PINTO, Flávia Bizzotto Ferreira.

Dicas Preciosas em Iluminação

Rio de Janeiro: Editora Ciência Moderna Ltda., 2014.

1. Iluminação
I — Título

ISBN: 978-85-399-0588-1   CDD 621.32

Editora Ciência Moderna Ltda.
R. Alice Figueiredo, 46 – Riachuelo
Rio de Janeiro, RJ – Brasil   CEP: 20.950-150
Tel: (21) 2201-6662/ Fax: (21) 2201-6896
E-MAIL: LCM@LCM.COM.BR
WWW.LCM.COM.BR

Agradecimentos

Ao meu marido João por seu apoio imenso e incondicional.
Aos meus filhos Marcos e Pedro, noras e neto pela motivação.
À minha família e amigos por entender tantas ausências.
Aos colegas de profissão pelo companheirismo e troca de conhecimentos.
Aos meus alunos que tanto me ensinam.
Aos meus clientes pela confiança.
A Deus por permitir tudo isso.

Apresentação

Já passavam de 14h00min e o professor a quem eu iria substituir não havia chegado para me apresentar à turma. Na sala de professores da universidade, eu encontrava antigos mestres que agora seriam colegas. Depois de 10 anos, lembrava-me bem de todos eles e, para minha surpresa, alguns me cumprimentavam pelo nome, dando-me as boas-vindas. Todos já se encaminhavam às suas turmas e minha espera continuava. Quando o relógio marcou 14h10min, senti que não poderia tomar outra atitude, respirei fundo e dirigi-me à sala quatro.

Naqueles 50 metros que separavam as duas salas, só conseguia pensar em tudo o que acontecera nos dois últimos dias e que fizeram com que eu me encontrasse naquela situação.

Sentada em meu escritório na ansiosa espera de que o telefone tocasse solicitando meus serviços, pensava em todo o conhecimento sobre iluminação artificial que eu havia adquirido ao longo dos últimos anos. Apta a projetar e prestar consultorias, ressentia-me do fato de que o mercado andava difícil e o serviço escasso. Afinal, o que eu faço com toda essa bagagem? Pois o conhecimento depois de adquirido e introspectado, deve fluir para que possa, servindo às pessoas, permanecer e desenvolver-se ainda mais.

Sentia-me sufocada como se, querendo gritar, alguém me tapasse a boca. Foi, então, que me lembrei de minha escola, onde talvez eu encontrasse espaço para ensinar. Mas em pleno mês de abril, não haveria vagas nem necessidade de profissionais... Mesmo assim, decidi tentar. Liguei solicitando uma entrevista com a diretora que, para minha surpresa, agendou para aquele mesmo dia. Nossa interlocução durou exatos 15 minutos:

- Então, você pretende dar aulas de iluminação?

- Exatamente. Aqui está meu currículo.

- Como ficou sabendo que estamos sem professor?

- Eu não sabia.

- Pode começar na sexta-feira?

- É claro!

- Vou te dar o telefone do professor que está saindo, você liga e combinam para ele a apresentar à turma e passar a ementa e o programa, está bem assim?

-Ótimo!

Não me lembro de como cheguei em casa, minha cabeça girava e um medo enorme parecia querer dominar-me, mas felizmente a razão ainda estava lá.

- E agora?

- Agora vá em frente, você nunca foi de desistir de nada mesmo!...

Quarenta alunos do terceiro ano de graduação em Design de Ambientes, ansiosos por iniciar a matéria, pois o professor substituto fora finalmente contratado, e eu sem saber exatamente o conteúdo a ser ensinado porque só conversara com o professor Eduardo por telefone. E como se não bastasse, esta seria a minha primeira experiência como docente. Mesmo assim, entrei.

Lembrando-me de algumas experiências como aluna, comecei com a dinâmica clássica: apresentei-me e pedi a cada um que se apresentasse também. Com isso, fomos descontraindo, o clima passou a ficar mais agradável e depois de alguns minutos, toda a tensão havia desaparecido.

Já passavam das 15h00min e eu continuava sozinha lá na frente. Decidi começar a falar de minhas práticas com projetos de iluminação e descrever algumas características interessantes que podem ser observadas no uso das lâmpadas residenciais. Enquanto falava, todos prestavam muita atenção, quando dava exemplos engraçados, todos sorriam e quando perguntava alguma coisa, a imensa maioria procurava responder e participava ativamente, relacionando os temas abordados com situações vividas por eles mesmos. O assunto brotava em mim como de uma fonte. Eu o conhecia, estudava e praticava com paixão. Meu entusiasmo pela matéria contagiou a todos e senti que a turma estava ávida por aprender e discutir mais e mais. Foi assim que, aos 33 anos de idade e nove de formada, recebi o maior de todos os presentes: percebi qual era o meu dom. Percebi a que vim. Percebi-me como profissional motivada e capaz.

Por volta das 16h30min, o antigo professor chega à porta e, com espanto mas silenciosamente, entra e assenta-se na última carteira, interessado no assunto e observando satisfeito minha intimidade com a turma.

A primeira aula que ministrei na vida durou mais de três horas e apesar de nunca mais deixar acontecer o contratempo de ter que falar sem me preparar, esta foi uma das experiências mais maravilhosas que já vivi.

Daí para frente, muito estudo, pesquisa, preparo, trabalho e uma boa garganta, pois esta é a maravilhosa rotina de um professor.

Pesquisando material para melhor ministrar minhas aulas, percebi que a matéria iluminação não possuía uma bibliografia muito vasta. Os poucos livros existentes em português tinham uma complexidade muito maior do que a necessária para a minha matéria. Não havia periódicos específicos na área de luminotécnica, apenas algumas matérias publicadas em revistas de Design ou Arquitetura cujos conteúdos muitas vezes divergiam da linha de projeto que eu considerava a mais adequada. Por mais que eu apresentasse aos alunos slides, *cases* e projetos, ainda faltava algo que pudesse *linkar* todo o assunto.

Comecei, então, a redigir apostilas que me ajudassem nas práticas em sala de aula. Nelas, aliei didática às demandas do curso, fiz com que o assunto ficasse mais acessível. Optei por explorar o bom entendimento de questões com as quais todos convivem no dia a dia, pois, assim, com a curiosidade despertada, o restante viria naturalmente. Contemplei assuntos, tais como, tipos de lâmpadas e sua adequação a cada ambiente, tipos de iluminação e suas ambiências resultantes, efeitos de luz e sombra, e apresentação de projetos luminotécnicos.

Este livro é fruto do trabalho que começou em 1993 e pretende ser como um manual de práticas em luminotécnica. Tem linguagem clara e atende não só a estudantes e profissionais das áreas de Design, Arquitetura e Engenharia, como também a pessoas leigas interessadas nestas questões. Mostra os caminhos a serem seguidos na projetação de iluminação, com dicas simples e "preciosas", pois foram percebidas, pesquisadas e testadas ao longo de mais de 20 anos vivenciando este mercado.

Sumário

Capítulo 1 - Introdução 3
   Mas, o que é luz? 5

Capítulo 2 - Princípios Básicos em Iluminação 11
   IRC - Índice de reprodução cromática 14
   Temperatura de cor 14
   Fluxo luminoso 15
   Intensidade luminosa 16
   Iluminância 16

Capítulo 3 - Conceitos e Terminlogias 19
   ABNT NBR ISO/CIE 8995-1 : 2013 26

Capítulo 4 - Princípio de Funcionamento dos Diversos Tipos de Lâmpadas 29

Capítulo 5 - Os Ambientes e suas Especificidades ...43
   A correta adequação das fontes de luz artificial aos ambientes 45
      Banho 45
      Cozinha 46
      Quartos 46
      Quarto de Bebê 49
      Garagem/Guarita 49
      Lavabo 50
      Adega 50
      Sala de Jogos 50

Varanda 50
Home Theater 51
Sala de Jantar 52
Sala de Estar 53
Escadas 55
Paisagismo 56
Escritórios 57
Lojas 58
Restaurantes 59
Parâmetros que também devem ser observados na especificação dos tipos de lâmpadas.......................59
Efeitos 61
    Sancas 61
    Sanca invertida................................62
    Rasgos...63
    Wall wash 64
    Contraluz 64
    Backlight 65
    Sistema RGB 66
    Facho assimétrico 67

Capítulo 6 - Destaques – Modelagem da Luz 71
Luz frontal 73
Luz de 45° 73
Lateral de 90° 74
De cima 74
De baixo 75
Contraluz 75

Capítulo 7 - Projetos Luminotécnicos 79
   Apresentação e simbologia..81
      Detalhamentos - sanca vertical 86
      Detalhamentos - luz direcionada 88
      Detalhamentos - nichos..89

Capítulo 8 - Conclusão 93

Capítulo 9 - Figuras..99

Ilustração: Cervejaria Devassa Lourdes – Belo Horizonte

CAPÍTULO 1

INTRODUÇÃO

Iluminação é uma ciência relativamente nova, mas que caminha rapidamente. Thomas Alva Edison, o primeiro a construir a lâmpada incandescente comercializável em 1879, não seria capaz de imaginar os avanços obtidos desde então. Com tecnologias cada vez mais avançadas e sempre focada na eficiência energética, a indústria lança a cada ano novas lâmpadas e implementos.

Os conceitos da luminotecnia permitem a otimização na utilização dos recursos disponíveis. Normas, tabelas de lâmpadas e luminárias, softwares especializados nos tornam capazes de dimensionar corretamente. No entanto, a elaboração de um ótimo projeto luminotécnico tanto dependerá de conhecimentos teóricos e técnicos quanto de nossa sensibilidade para perceber a luz.

Nem sempre um ambiente com altos níveis de iluminamento é um ambiente bem iluminado, pois o certo é desenhar a luz adequada à tarefa a ser ali realizada. Muitas vezes, tão importante quanto iluminar será preservar a escuridão.

Os objetivos são mais facilmente atingidos na medida em que praticamos e isso é o mais interessante nesta área: nunca saberemos tudo, portanto, temos algo a aprender a cada dia...

Mas, o que é luz?

Luz é uma energia radiante que se propaga através de ondas eletromagnéticas curtas. A sensação luminosa é percebida pelo ser humano por meio do estímulo da retina ocular.

Nos estudos acerca das teorias sobre a luz, há muitas perguntas ainda longe de ser respondidas mas, mesmo não dominando totalmente a teoria sobre a luz, a ciência "Iluminação" tem conseguido avanços incríveis no sentido da transformação de energia elétrica em energia luminosa.

No *lighting design*, tanto quanto conhecer técnicas, cálculos e metodologia de projeto, é necessário saber "enxergar". O projeto de iluminação é um projeto artístico-científico, onde técnica e sensibilidade são aliadas e o caráter científico pode e deve estar presente nesta e naquela. Como escreveu Rubem Alves: "O ato de ver não é coisa natural. Precisa ser aprendido".

O mais importante para começar a projetar iluminação é observar e, com essa observação, **conseguir enxergar além do que se vê.**

É aguçar a curiosidade, é ter um espírito crítico e a sensibilidade treinada para reagir a estímulos.

É tomar como modelo os efeitos dos raios do Sol sobre a arquitetura urbana, é raciocinar sobre pequenos enigmas da Física, é ter consciência de que a luz pode criar ou desfazer a sombra, é discernir sobre o que é uma boa ou má solução de iluminação, é pensar colorido, é encantar-se ao perceber que a Lua não passa de um imenso refletor da luz irradiada pelo Sol.

Com a iluminação artificial, podemos "substituir" a luz do Sol durante a noite ou em ambientes fechados; valorizar formas e cores, manter vigilância, enfim, prosseguir vivendo à noite como se fora dia...

A metodologia para a elaboração do projeto de iluminação é basicamente a mesma utilizada na elaboração do projeto de design, seja ele de arquitetura seja de design de interiores.

Os passos a seguir:

- Contato com o cliente para a identificação das necessidades. Este *briefing* é uma etapa muito importante, pois, muitas vezes, o cliente não sabe sequer a sua real necessidade, cabendo-nos, mesmo em alguns momentos, o papel de psicólogos para conseguir desvendá-la.

- Proposta e contratação.
- Contato com o espaço a ser iluminado para melhor interação com o projeto arquitetônico e verificação das condições climáticas, elétricas e possibilidades para as instalações.
- Estudo preliminar e fase de pesquisas. Esta é a melhor parte: a criação. Baseados na lista de necessidades do cliente, elaboramos a solução.
  - Primeiro, devemos pensar sobre qual é o clima que queremos criar em cada ambiente. Cada ambiência tem suas especificidades e é aí que entra o tipo de iluminação a ser utilizado: luz indireta e suave; luz direcionada e marcante; luz difusa e intensa; luz divertida com troca de cores; luz apenas para destaques; iluminação direta com modelagem de luz direcionada...
  - Depois, escolhemos o tipo de lâmpada mais apropriado à ambiência desejada. Tendo pesado todas as demandas, a especificação das lâmpadas será resultado de uma série de escolhas entre fatores, tais como, aquecimento, eficiência energética, IRC (índice de reprodução de cores), temperatura de cor, dimensões, custo, vida útil, manutenção, possibilidade de dimerização etc.
  - Finalmente, vamos ao mercado para encontrar as luminárias mais adequadas à concretização de nossa proposta.
- Anteprojeto que inclui cálculos, especificação e localização de lâmpadas e luminárias de acordo com os efeitos previstos, planta de teto, setorização de comandos, legendas etc.
  - O anteprojeto pode ser acompanhado de alguns testes *"in loco"*, laboratoriais ou virtuais, pois, muitas vezes, o cliente não consegue imaginar

os resultados sem ver imagens *renderizadas* ou as próprias lâmpadas em funcionamento. Salas escuras ou laboratórios em lojas de iluminação podem ajudar o cliente a entender melhor os efeitos de lâmpadas e luminárias. Lá, ele poderá perceber fatores como, por exemplo, o calor emitido, ofuscamento etc.

- Entrega do projeto final que deverá incluir ainda orçamentos de luminárias, lâmpadas e acessórios, manual de utilização e manutenção. Esses manuais são especialmente importantes para projetos comerciais e institucionais.
- Execução.
- Verificação. Esta é a melhor chance de aprimoramento para o projetista. Eventuais erros deverão ser corrigidos e como diria Piaget: "O erro é construtivo".

Assim como no projeto de design, o projeto luminotécnico deve guiar-se por alguns parâmetros para que atenda plenamente seus objetivos:

- que as funções solicitadas sejam satisfatoriamente cumpridas;
- que cada parte do projeto seja coerente com o todo, respeitando, assim, o conceito do projeto arquitetônico e de design de interiores;
- que o consumo energético seja voltado para a economia, dentro das possibilidades do projeto, mas com os olhos sempre voltados para a sustentabilidade;
- que se observe a preservação do meio ambiente tanto na escolha de aparelhos e fontes de luz quanto na observância de fatores como, por exemplo, o ciclo circadiano de pessoas, plantas e animais;
- que o foco seja a otimização dos espaços direcionada ao conforto e ao bem-estar humanos.

Ilustração: Thaís Maciel e Ana Paula Zaramella

Princípios Básicos em Iluminação

Aenergia "luz" se propaga através de ondas eletromagnéticas curtas e é a única porção entre todas as ondas eletromagnéticas (raios gama, raios X, ultravioleta, infravermelho, correntes alternadas etc.) visível ao olho humano.

A luz branca ou luz solar está composta de ondas eletromagnéticas com diferentes comprimentos dentro de um intervalo visível de 380 a 780 nm, que contém todas as cores do arco-íris.

Cor	violeta	anil	azul	verde	amarela	laranja	vermelha
nm	380	460	480	520	570	630	780

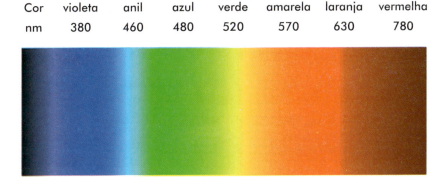

Fig.1 - Espectro visível.
Nanômetro (unidade de medida das ondas eletromagnéticas): $1nm = 1 \times 10^{-9}$ m
Ilustração de Thaís Maciel e Ana Paula Zaramella

A impressão da cor de um corpo depende da composição espectral da luz que o ilumina, de suas propriedades de refletir, transmitir e absorver, e ainda da saúde visual do observador.

Quando qualquer objeto é iluminado pela luz do Sol, temos a certeza de que o estamos percebendo tal qual ele é (principalmente em relação à cor), pois o Sol irradia todos os comprimentos de onda visíveis. A iluminação artificial pode produzir distorções nas cores, pois cada tipo de lâmpada emite ondas de diferentes comprimentos.

Todas as fontes de luz artificial emitem todos os comprimentos de onda do espectro visível em intensidades diferenciadas, apenas os LEDs são fontes de luz monocromática, isto é, emitem luz de uma só cor.

IRC - Índice de reprodução cromática

A capacidade de reprodução de cor de uma lâmpada é medida através do índice de reprodução cromática (IRC).

O IRC classifica a qualidade relativa de reprodução de cor de uma fonte numa escala que varia de 0 a 100. Quanto maior for o IRC, menor será a distorção da cor no objeto iluminado.

Um IRC de 100 indica que não há alteração de cor, se comparada com uma fonte de referência, e quanto mais baixo for o IRC, mais pronunciadas alterações de cor poderão ser observadas.

Portanto, ao especificar uma lâmpada de descarga ou LED, verifique o IRC para que as distorções de cor sejam as menores possíveis. As lâmpadas incandescentes e incandescentes halógenas possuem IRC de 100 e por isto, não alteram as cores dos objetos.

Temperatura de cor

A temperatura de cor descreve a aparência da cor da lâmpada quando acesa. É medida em Kelvin, variando entre 9.000 K (cuja aparência é azul) e 1.500 K (cuja aparência é laranja / vermelho).

Atenção: A temperatura de cor de uma lâmpada não tem nenhuma relação com a temperatura do filamento.

Na escolha de lâmpadas fluorescentes, por exemplo, a observância da temperatura de cor é muito importante.

Uma lâmpada com aparência mais amarelada (baixa temperatura de cor) trará ao ambiente uma sensação de conforto e aconchêgo, já uma lâmpada muito branca (alta temperatura de cor) vai estimular a produtividade.

Fig. 2 - Backlight (retroiluminação) com diferentes temperaturas de cor.
Da esquerda para a direita: 5.000 K, 4.000 K e 3.000 K.
Ilustração de Thaís Maciel e Ana Paula Zaramella

Fluxo luminoso

Fluxo luminoso é a "grandeza característica de um fluxo energético, exprimindo sua aptidão de produzir uma sensação luminosa no ser humano através do estímulo da retina ocular".

Em termos mais simples: fluxo luminoso é o pacote de luz oferecido pelas lâmpadas que produzem luz difusa (fluorescentes, por exemplo).

A unidade de medida para o fluxo luminoso é o lúmen (lm). Quanto maior o número de lumens da lâmpada, mais capacidade ela tem de iluminar.

Intensidade luminosa

Intensidade luminosa é o "limite da relação entre o fluxo luminoso em um ângulo sólido em torno de uma direção dada e o valor desse ângulo sólido, quando esse ângulo sólido tende para zero".

Em termos mais simples: intensidade luminosa é o pacote de luz oferecido pelas lâmpadas refletoras, aquelas que têm o facho de luz direcionado (dicroicas, por exemplo).

A unidade de medida para a intensidade luminosa é a candela (cd). Quanto maior o número de candelas, mais intensa é a luz produzida pela lâmpada.

Iluminância

Iluminância é o "fluxo luminoso incidente por unidade de área iluminada".

Em termos mais simples: iluminância é a quantidade de luz que consegue chegar à superfície de trabalho.

A unidade brasileira de iluminamento é o lux (lx). Níveis de iluminância são exigidos pela norma ABNT Nbr ISO/CIE 8995-1:2013 para as diversas áreas de trabalho.

Comparativo entre os níveis de iluminância em diferentes situações:

- Luz do Sol ao meio-dia: 80.000 a 100.000 lux
- Luz da Lua cheia (céu aberto): menos de 0,5 lux
- Residências: 100 a 200 lux
- Escritórios comerciais: 300 a 500 lux

Ilustração: Thais Maciel e Ana Paula Zaramella

Conceitos e Terminologias

Briefing: é a lista de necessidades do cliente resultante das primeiras entrevistas ou reuniões. O *briefing* deve ser a primeira etapa para o mapeamento e a busca de soluções para o projeto.

Conforto visual: é o grau de satisfação visual produzido pelo ambiente iluminado. Para haver conforto visual, é necessário, entre outras coisas, diminuir ao máximo os ofuscamentos, pois a visão direta para as fontes luminosas é um dos fatores que provocam maior desconforto.

Ofuscamento: condição de visão onde existe desconforto ou uma redução na capacidade de ver objetos significantes graças a uma distribuição ou um valor inadequado de iluminância.

Luz difusa: é a luz dispersa exteriormente ao facho de um projetor. Produz poucas sombras e costuma ser a mais utilizada para ambientes de trabalho. A lâmpada fluorescente proporciona luz difusa e esse é também um dos fatores pelos quais ela costuma ser a mais indicada para estes locais.

Fig. 3 - No centro, luminárias com vidros jateados que funcionam como difusores.
Ilustração de Thaís Maciel e Ana Paula Zaramella

Luz direcionada: é a luz que se projeta através de refletores, tendo por isso um fluxo luminoso direcionado. Produz efeitos de luz e sombra e, portanto, deve ser usada para valorizar objetos ou modelar a luz, nunca como iluminação geral.

Fig. 4 - Iluminação direcionada aos quadros com lâmpadas halógenas refletoras.
Cervejaria Devassa Lourdes – Belo Horizonte

Luz rebatida: é a luz indireta, ou seja, é refletida por algum objeto ou anteparo que recebeu a luz da fonte. É suave e não produz sombras, sendo as sancas um bom exemplo. Não deve ser usada em locais que demandem altos níveis de iluminância.

Capítulo 3 - Conceitos e Terminlogias — 23

Fig. 5 - Iluminação sob o tampo do balcão do bar com fita de LED.
Cervejaria Devassa Lourdes – Belo Horizonte

Driver: dispositivo que ao mesmo tempo limita a corrente e a corrige para adequá-la às necessidades de voltagem da lâmpada. Seu uso é associado aos LEDs.

Reator: dispositivo utilizado para a operação adequada das lâmpadas de descarga (fluorescentes, vapor de sódio e vapores metálicos). Os reatores atuam de forma a limitar a corrente na lâmpada.

Transformador: dispositivo que "transforma" a corrente elétrica adequando-a à necessidade de voltagem da qual o aparelho ou a lâmpada necessita.

Interruptor three way: interruptor de duas posições. Como possui mais de um terminal de ligação, pode trabalhar em conjunto com outros interruptores e acionar luminárias de dois lugares distintos.

Dimmer: dispositivo que possibilita variar o fluxo luminoso das lâmpadas numa instalação a fim de ajustar o nível de iluminância.

IP (índice de proteção): classifica as luminárias de acordo com o grau de proteção contra a entrada de corpos estranhos, poeira e umidade. A designação é feita pelas letras "IP" seguidas de dois algarismos, onde o primeiro algarismo indica a proteção contra a entrada de corpos estranhos e poeira (de 0 a 6), e o segundo algarismo indica o grau de vedação contra água (de 0 a 8).

Por exemplo: IP65.

Louvre: proteção feita de componentes translucentes ou opacos, posicionados geometricamente para evitar a visão direta das lâmpadas num determinado ângulo. É importante notar que a colocação de *louvres* melhora muito o conforto visual das luminárias, mas afeta negativamente o seu rendimento.

Eficiência energética: uso racional e otimizado de qualquer forma de energia, de maneira a obter os resultados mais eficientes dentro do menor consumo possível. Um bom exemplo são as lâmpadas de vapor de sódio (aquelas alaranjadas da iluminação pública), lâmpadas com baixo IRC e baixíssima temperatura de cor, mas como possuem um fluxo luminoso (lm) alto em relação à sua potência (watts), são lâmpadas que possuem grande eficiência energética e, portanto, prestam-se perfeitamente ao papel de iluminar nossos caminhos.

Payback: é o tempo transcorrido entre o investimento inicial e o momento no qual o lucro líquido acumulado se iguala ao valor desse investimento. O termo é bem adequado hoje quando comparamos os preços de instalação de um projeto com tecnologia LED ou lâmpadas halógenas. O primeiro é mais oneroso na instalação, mas, em pouco tempo, a economia na conta de energia irá justificar sua escolha.

Curva fotométrica ou curva de distribuição de intensidade luminosa: a curva, geralmente polar, que representa a variação da intensidade luminosa de uma fonte segundo um plano passando pelo centro em função da direção. As curvas fotométricas podem referir-se às fontes de luz (lâmpadas) ou às luminárias que abrigam essas fontes.

Em termos mais simples: a curva luminosa descreve o comportamento dos fachos de luz quando saem da lâmpada ou da luminária.

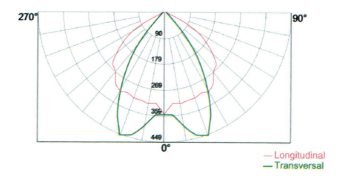

Fig. 6 - Exemplo de curva fotométrica de luminária.
Ilustração de Thaís Maciel e Ana Paula Zaramella

Ciclo circadiano: é o ritmo biológico próprio de cada ser vivo. É controlado pelo hipotálamo e repete-se a cada 24 horas. Luz e sombra são os principais fatores de influência sobre este ciclo, alterando momentos de sono e vigília.

A luz branca induz o organismo humano à produtividade, pois o hormônio responsável por seus estados de vigília é o cortisol e ele é produzido durante o dia, quando a luz natural é branca. Da mesma forma, a luz amarela estimula o início da produção da melatonina, que é o hormônio do relaxamento.

Lâmpada trifósforo: as antigas lâmpadas fluorescentes tinham a parte interna de seu tubo revestida por um único tipo de pó de fósforo. Na tecnologia trifósforo, existe um pó de fósforo responsável por cada cor primária da fonte de luz (vermelho, verde e azul). Como resultado, foi possível obter temperaturas de cor mais elevadas e aumentos consideráveis do IRC (acima de 80).

Sistema RGB: é a abreviatura do sistema de cores de luz primárias formado por vermelho (*Red*), verde (*Green*) e azul (*Blue*).

Oferece a possibilidade de criar cenas de cores através da dimerização e de comandos por controle remoto ou computador. Pode adequar-se a qualquer tipo de fonte luminosa que possa ser dimerizada como, por exemplo, halógenas, fluorescentes e LEDs.

ABNT NBR ISO/CIE 8995-1 : 2013

Norma para a iluminação de ambientes de trabalho que entrou em vigor no Brasil em abril de 2013, substituindo a Nbr 5413.

Elaborada em conjunto com a CIE (Commission Internationale de l'Eclairage), segue os mesmos requisitos que são aplicados internacionalmente pelos países que utilizam as normas da ISO.

Algumas abordagens de extrema importância passaram a ser consideradas, como a iluminância mantida para a área da tarefa e entorno imediato, o controle de ofuscamento e a reprodução de cor mínima para as diversas atividades e tarefas.

Andel's Hotel - Praga - República Tcheca

CAPÍTULO **4**

PRINCÍPIO DE FUNCIONAMENTO DOS DIVERSOS TIPOS DE LÂMPADAS

Incandescente - primeira lâmpada comercialmente viável. Ela funciona quando a corrente elétrica passa pelo filamento de tungstênio e aquece-o, deixando-o em brasa. Emite mais calor do que luz - na prática, apenas 5% do que consome de energia é transformado em luz visível e o restante é transformado em calor. Sua durabilidade é de, no máximo, 1.000 horas, pelo fato de o filamento tornar-se mais fino devido ao aquecimento, causando a depreciação do fluxo luminoso até o momento em que o filamento se rompe e a lâmpada queima. Essa fonte de luz está sendo banida do planeta por sua ineficiência energética e sua fabricação já é proibida em diversos países, o que é discutível, uma vez que seu descarte é, entre todas as fontes luminosas, o único que não causa dano algum à natureza.

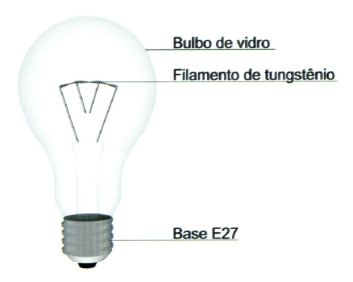

Fig. 7 - Lâmpada incandescente comum.
Ilustração de Thaís Maciel e Ana Paula Zaramella

Incandescente halógena - seu funcionamento segue o mesmo princípio da lâmpada incandescente da qual é considerada uma versão evoluída. A diferença está no fato de que o gás halogênio no interior do bulbo devolve ao filamento as partículas de tungstênio que se desprendem com o calor. Com isso, ela ganha estabilidade de fluxo luminoso e um aumento de durabilidade, que pode chegar a cinco mil horas. Seu IRC é 100. O grande inconveniente dessas lâmpadas é o calor emitido. Para que as partículas de halogênio e tungstênio produzam a reação adequada, são necessários no mínimo 1.400 graus centígrados no filamento.

Fluorescente - a corrente elétrica atravessa o reator que dá a partida da lâmpada e estabiliza essa corrente, enviando-a para o interior da lâmpada, onde há um filamento recoberto por uma pasta emissiva. Quando aquecido, esse filamento provoca a movimentação dos elétrons no interior da lâmpada que, por sua vez, provoca a vaporização do mercúrio, produzindo a emissão de radiação ultravioleta. A parede interna da lâmpada é pintada com pó de fósforo e quando os raios UV atravessam essa pintura, eles são transformados em luz visível. A pintura é feita hoje com o trifósforo nas três cores básicas (vermelho, verde e azul), o que resulta em maior fidelidade de reprodução das cores. As fluorescentes tubulares podem ter vida mediana de até 24 mil horas.

As lâmpadas fluorescentes compactas vêm substituindo as incandescentes pois apresentam uma série de vantagens: vida mediana mais longa, maior eficiência energética (produzem mais luz consumindo menos energia), podem ter a mesma base das incandescentes (E27), usando, assim, as mesmas luminárias, emitem pouquíssimo calor etc.

O grande problema dessa fonte de luz está no descarte. Elas possuem mercúrio, que é um metal pesado e tóxico, em seu interior. Paralelamente às campanhas de substituição das lâmpadas incandescentes pelas fluorescentes, deveriam ser implementados programas de coleta e reciclagem das fluorescentes, pois uma só dessas lâmpadas, caso seus resíduos alcancem os lençóis freáticos, pode contaminar milhares de litros de água.

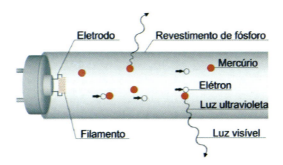

Fig. 8 - Lâmpada fluorescente tubular.
Ilustração de Thaís Maciel e Ana Paula Zaramella

Sódio - atualmente usada na iluminação pública, a lâmpada de sódio oferece luz amarela e monocromática que distorce as cores - seu IRC é de, no máximo, 30. Em contrapartida, oferece um grande fluxo luminoso com baixo consumo. Seu funcionamento é parecido com o das fluorescentes, exceto pela presença do sódio no lugar do mercúrio. A partida requer um reator específico e ignitor (espécie de *starter* que eleva a tensão na hora da partida para 4.500 volts).

Multivapores metálicos - tipo de lâmpada também conhecida como metálica, contendo iodetos metálicos. Seu funcionamento é similar ao da lâmpada de sódio - requer reator e ignitor para elevar a tensão de partida. Tem grande fluxo luminoso, com um IRC de 90, e é indicada para locais onde é necessário haver iluminação profissional, tais como, quadras de tênis, grandes eventos, jogos de futebol etc.

Disponível em versões com luz difusa ou direcionada, também podem receber estas nomenclaturas: metal halide ou iodeto metálico.

LEDs - LED é a sigla para *Light Emitting Diode* (diodo emissor de luz).

São diodos (semicondutores) em estado sólido que convertem energia elétrica diretamente em luz.

O diodo é um elemento de circuito que tem a propriedade de conduzir a corrente elétrica apenas em um sentido.

Esse diodo recebe uma dopagem (como certas impurezas) que faz com que o movimento dos elétrons em seu interior libere energia na forma de luz, chamada fóton.

Como não possui filamentos ou gases em seu interior, o LED é conhecido como "a luz em estado sólido". Trabalha em baixa tensão, normalmente 10 ou 24 volts, e tem baixíssimo consumo de energia. Sua vida útil está entre 20 mil e 50 mil horas, o que facilita a manutenção. O LED ainda tem a vantagem de não emitir radiações infravermelha e ultravioleta.

Até bem pouco tempo, o LED só era usado como indicador luminoso de aparelhos, como rádio, TV ou computador ligado. Com a evolução e principalmente com a chegada do LED branco, ele deixou de ser um marcador para se transformar em emissor de luz visível e a cada ano, os módulos de LED vêm aumentando seu fluxo luminoso. Podem apresentar-se sob a forma de lâmpadas refletoras, tubos como as fluorescentes, fitas flexíveis, balizadores ou luminárias completas. É recomendado que seu uso seja acompanhado de estabilizadores e que estejam instalados em circuitos exclusivos.

Fig. 9 - *Showroom* da Erco na Alemanha - a maior parte da produção é de luminárias com tecnologia LED.

Para que a construção de um LED atenda a todas as expectativas de utilização, ela precisa ter alguns componentes

básicos. O *driver* (ou fonte, como alguns costumam chamá-la) vai estabilizar a corrente e corrigir a voltagem. O dissipador de calor será essencial para aumentar a vida do LED, pois a energia liberada na passagem da corrente gera certo calor e ele precisa ser direcionado para trás. As "bolinhas de luz", que são os LEDs propriamente ditos, emitem a luz em 180 graus e necessitam da ótica secundária para dirigir seus fachos para frente como um refletor e, finalmente, a ótica terciária funciona como lentes que configuram as formas e as aberturas do facho de luz.

Fig. 10 - Componentes do LED.
Ilustração de Thaís Maciel e Ana Paula Zaramella

O mercado oferece lâmpadas de LED com formatos idênticos às já existentes: incandescentes, halógenas e fluorescentes. Isto facilitou bastante a aceitação e a comercialização dessa nova tecnologia, uma vez que as luminárias que acomodam essas lâmpadas são exatamente as mesmas que utilizamos para outras fontes de luz. Por outro lado, as luminárias de LED são unidades de iluminação completas, possuem fonte de luz, sistemas de controle e alimentação, elementos que distribuem, posicionam e protegem a fonte de luz, e dispositivos para montagem e instalação.

A tendência é que o mercado comece a oferecer cada vez mais as luminárias de LED. Devido ao longo tempo de duração dessa fonte de luz, a troca da luminária a cada 30.000 h (mais de três anos para o uso contínuo de 24 horas) pode ser justificada. Mas para que seu uso possa ser otimizado, o fabricante deve disponibilizar todos os dados técnicos necessários, tais como, o fluxo luminoso, curva fotométrica, limites de ofuscamento, tabela de fatores de utilização etc.

Fig. 11 - As fitas de LED permitem a construção de luminárias flexíveis.
Light+Building - Frankfurt - 2012

Fig. 12 - Papel de parede de LED de Ingo Maurer.
Light+Building - Frankfurt - 2012

OLED - o diodo emissor de luz orgânica (OLED - *Organic Light Emitting Diode*) é constituído por várias camadas de semicondutores orgânicos entre dois eletrodos, dos quais pelo menos um é transparente.

A fabricação de um OLED envolve a colocação de camadas orgânicas, uma após a outra, sobre um substrato condutor, seguido por um eletrodo condutor.

Uma estrutura amplamente utilizada baseia-se num substrato de vidro revestido com óxido de estanho (ITO), como o ânodo transparente, e uma camada fina de metal não translúcido, como o cátodo.

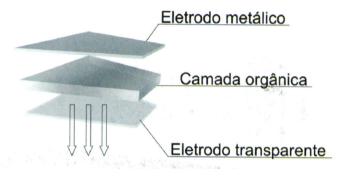

Fig. 13 - Componentes do OLED.
Ilustração de Thaís Maciel e Ana Paula Zaramella

A nova tecnologia OLED, devido às suas propriedades especiais, poderá oferecer muitos benefícios em relação aos outros produtos: são fontes de luz uniforme e difusa, são muito finos e extremamente leves, oferecem boa reprodução de cores e alta qualidade de luz, sua luz branca quente cria uma atmosfera agradável, têm potencial para corresponder e mesmo ultrapassar a eficiência e tempo de vida das lâmpadas fluorescentes e são completamente livres de mercúrio e chumbo, não emitem radiação UV ou IR. Produtos futuros baseados na tecnologia OLED poderão ser maleáveis e flexíveis.

Fig. 14 - A "pilha" orgânica, incluindo os eletrodos, é geralmente inferior a 1 mm de espessura. Euroluce - Milão 2013

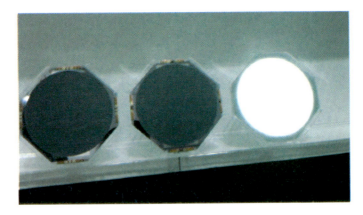

Fig. 15 - Unidades de OLED (duas apagadas e uma acesa) da OSRAM.
Light+Building - Frankfurt 2012

Fig. 16 - Luminária de OLED da PHILIPS.
Light+Building - Frankfurt - 2012

Capítulo 4 - Princípios de Funcionamento dos... — 39

FONTE DE LUZ	CARACTERÍSTICAS	EFICIÊNCIA lm/w (valores aproximados)	TEMP. DE COR (K)	IRC
Incandescente	Luz convidativa Ineficiente. Luz difusa ou Direcionada. Fonte de luz comum.	15	2.700	100
Halógena	Luz mais brilhante e mais eficiente que a incandescente comum. Luz difusa ou direcionada. Muito calor emitido. Ótima para destaques e jogos de luz e sombra.	25	3.000	100
Fluorescente	Várias potências e temperaturas de cor. Econômica. Vida mediana de até 24.000 horas. Luz difusa. Pouco calor emitido. Ótima para trabalho.	85	2.700 a 8.000	67 a 95
LED	Muito econômica. Vida mediana de até 50.000 horas. Luz difusa ou direcionada. Não emite UV nem IR	100	2.700 a 7.000	80

Tabela 1 - Comparativo entre as diversas fontes de luz.

Sanca invertida usando a parede como anteparo.

CAPÍTULO 5

Os Ambientes e suas Especificidades

Como dito anteriormente, para projetar uma iluminação, devemos pensar no "clima" que queremos criar no ambiente. Essa ambiência será resultado do tipo de luz (rebatida, direta ou direcionada), do tipo de lâmpada (difusa ou refletora) e do tipo de luminária que a acomoda. A seguir, algumas dicas sobre as especificações mais adequadas a cada ambiente.

A correta adequação das fontes de luz artificial aos ambientes

BANHO

Na iluminação do banheiro, temos que nos preocupar com a luz geral e com a luz localizada sobre a bancada da pia. A iluminação geral pode ser feita com lâmpadas fluorescentes e para a iluminação localizada, deve-se usar, de preferência, a incandescente, pois é a lâmpada que menos distorce as cores. Se isto não for possível, podemos usar, então, as fluorescentes com temperatura de cor de 4.000 K. Estando o ponto de luz localizado na parede, podemos optar por arandelas com vidro jateado ou acrílico leitoso para criar uma luz mais difusa e minimizar os efeitos de sombra e, no caso de tetos rebaixados, usaremos plafons embutidos no gesso sobre a bancada.

A utilização das halógenas dicroicas é comum nas bancadas de banheiro, mas essa lâmpada produz uma luz muito "dura" (com muitas sombras) e tem alta emissão de calor. As lâmpadas halógenas devem iluminar os objetos, não as pessoas.

46 — Dicas Preciosas em Iluminação

Fig. 17 - Fibras óticas com efeito de céu estrelado também fazem sucesso sobre as banheiras.

COZINHA

Cozinhas são locais de trabalho, portanto, a iluminação mais adequada é a fluorescente tubular. Ela produz menos efeitos de sombras e é mais eficiente em termos de fluxo luminoso e economia de energia.

Utilizando lâmpadas trifósforo, a distorção das cores diminuirá bastante. Na maioria dos casos, é suficiente colocarmos uma luminária no ponto central do teto, mas a quantidade e a potência das lâmpadas devem ser dimensionadas de acordo com a área da cozinha.

Para espaços *gourmet*, usamos lâmpadas com temperatura de cor mais baixa, trazendo, assim, conforto e relaxamento.

QUARTOS

São os ambientes mais pessoais de uma residência. Cada pessoa tem uma preferência em termos de iluminação, portanto, em primeiro lugar, devemos respeitar essas preferências.

Comumente, usamos plafons externos no ponto central do teto com lâmpadas fluorescentes compactas, que são mais econômicas e têm a vantagem de não produzir calor. As fluorescentes compactas de baixa temperatura de cor (mais amareladas) não irão tirar do quarto aquele clima aconchegante que as lâmpadas incandescentes proporcionavam.

Atenção: As lâmpadas fluorescentes duram tanto mais quanto menos vezes forem acionadas. Se seu filho esqueceu a luz do quarto acesa, não brigue com ele, pois ele está ajudando a poupar energia. Apague somente quando for dormir...

Para a mesa de cabeceira, abajures, arandelas ou pendentes com lâmpadas fluorescentes compactas ou LEDs.

Fig. 18 - Iluminação indireta e dimerizável para o relaxamento e direta/difusa para o trabalho.
Ilustração de Thaís Maciel e Ana Paula Zaramella

48 — Dicas Preciosas em Iluminação

Fig. 19 - Luz difusa e divertida através de tondas (embutidos circulares com diâmetros diferenciados).
Ilustração de Thaís Maciel e Ana Paula Zaramella

Fig. 20 - O pendente libera espaço sobre a mesa de cabeceira.
Ilustração de Thaís Maciel e Ana Paula Zaramella

Fig. 21 - A luminária articulável atende à cama ou à mesa de estudos.
Ilustração de Thaís Maciel e Ana Paula Zaramella

QUARTO DE BEBÊ

O quarto do bebê deve ter uma boa iluminação, até para sua própria segurança, mas devemos ter a opção de diminuir a intensidade de luz para as horas de descanso. Com o uso do *dimmer*, tudo fica resolvido. É interessante também que o bebê não tenha contato visual com a fonte de luz, o ideal é que ela seja indireta.

GARAGEM/GUARITA

Se as lâmpadas da garagem devem ficar acesas durante toda a noite, devemos usar LEDs ou fluorescentes e optar por baixos níveis de iluminância por questão de economia.

Na guarita, de preferência lâmpadas de LED com *dimmer*, pois seu interior deve estar quase escuro, o lado de fora é que deve estar bem iluminado e aí, podem ser usadas luminárias com lâmpadas halógenas aliadas a sensores de presença.

LAVABO

A iluminação do lavabo deve ser bem trabalhada, afinal ele é quase uma continuação do estar. Como são ambientes pequenos, na maioria das vezes podemos iluminá-los bem com uma lâmpada dicroica direcionada para um elemento decorativo. Arandelas decorativas ou pequenos pendentes também podem ser uma opção.

ADEGA

Na adega, é "expressamente proibido" o uso de lâmpadas fluorescentes. Esse tipo de lâmpada irradia certa quantidade de ultravioleta que prejudica a composição do vinho. Além disso, a temperatura da adega deve ser baixa (em torno de 12° C). O uso de LEDs é bastante indicado, pois não existe radiação de infravermelho nem ultravioleta.

SALA DE JOGOS

A iluminação geral da sala de jogos deve ser boa. Pode ser feita com lâmpadas fluorescentes em sancas ou luminárias que permitam uma iluminação semiindireta ou indireta. Sobre as mesas de sinuca, xadrez, cartas etc., devemos acrescentar ainda uma iluminação localizada, com lâmpadas halógenas (que reproduzem fielmente as cores) ou LEDs (que não emitem calor).

VARANDA

No caso de pequenas varandas ou sacadas, é aconselhável que usemos uma iluminação tênue através de pazinhas varre-teto ou embutidos de parede. Assim, teremos uma iluminação suave e propícia para observar a vista. Em varandas maiores, onde possam ser feitas leituras ou trabalhos manuais, teremos que nos preocupar ainda com a iluminação localizada.

HOME THEATER

Nenhum tipo de ofuscamento deve interpor-se entre a tela e o espectador. O ideal é uma iluminação indireta que possa ser regulada para ocasiões diferentes. Pendentes de luz indireta no ponto central com lâmpadas halógenas e *dimmer* são uma ótima opção. Deve haver também iluminação para o manuseio dos controles e que seja setorizada, de maneira a ser desligada na hora da projeção. Um simples abajur pode cumprir este papel.

Fig. 22 - Luz indireta e suave através de rasgos no gesso.

Ilustração de Thaís Maciel e Ana Paula Zaramella

SALA DE JANTAR

Devemos usar sobre a mesa de jantar lâmpadas que reproduzem fielmente as cores, portanto, halógenas ou halógenas dicroicas. As lâmpadas fluorescentes, ainda que com boa reprodução de cores, devem ser usadas como apoio. Com as duas opções disponíveis, o cliente provavelmente usará as fluorescentes no dia a dia e as halógenas para os dias de festa.

Podemos usar lustres ou pendentes que devem posicionar-se na altura entre 0,90 e 1,20 m acima do tampo da mesa e no centro desta. No caso de este posicionamento não coincidir com o ponto de luz já existente, sempre se pode fazer um balanço com o fio, deslocando a luminária até a posição desejada.

Se o lustre não produz iluminação suficiente, podemos otimizá-la colocando plafons embutidos em suas laterais no teto, direcionados para baixo ou com fachos cruzados. Outra opção é colocar somente plafons embutidos alinhados sobre a mesa com uma dicroica no centro para os dias especiais e duas laterais com lâmpadas fluorescentes compactas ou LEDs para serem utilizadas no dia a dia. Podemos ainda usar o recurso de sancas com lâmpadas fluorescentes ou fitas de LED circulando o perímetro da mesa ou de toda a sala.

Devem-se iluminar também outros pontos de interesse, tais como, aparadores, *buffets* ou cristaleiras, para que a iluminação não fique toda concentrada em um só local.

Temos que nos preocupar ainda com a luz de passagem, que deve estar ligada em *three way*, pois normalmente a sala de jantar está entre a cozinha e o resto da casa. Ela deve ser feita com lâmpada halógena ou LED, uma vez que será acionada somente por alguns minutos.

Capítulo 5 - Os Ambientes e suas Especificidades — 53

Fig. 23 - Mais de um lustre sobre a mesa, elegante e sofisticado.
Ilustração de Thaís Maciel e Ana Paula Zaramella

SALA DE ESTAR

Normalmente, é aqui que se tem um maior cuidado com a decoração: materiais mais nobres, obras de arte e, provavelmente, muito esmero por parte dos donos da casa. Esses ambientes poderão ser usados de diversas maneiras e por isso, a iluminação pode acompanhar cada uma delas.

É muito agradável ouvir música ou relaxar em um ambiente com luz suave que vem de abajures ou arandelas mais fechadas. Por outro lado, receber visitas informais e conversar sob a iluminação de uma sanca é bastante interessante, pois a luz é rebatida no teto e espalha-se, resultando em pouquíssimas sombras, o que torna as pessoas até mais bonitas. Nos dias de festa e visitas mais cerimoniosas, nada como misturar a iluminação indireta com a direcionada. Com as lâmpadas halógenas refletoras destacando obras de arte e esculturas, teremos um efeito quase teatral e valorizaremos as cores e todos os recursos de decoração utilizados. Um *wall wash* feito com lâmpadas de LED refletoras valorizará uma parede especial sem elevar a temperatura ambiente e com baixo consumo.

Finalmente, não podemos esquecer da iluminação de passagem. Aquela que será utilizada apenas para que cruzemos o ambiente, sem termos que necessariamente acender todo o resto.

Fig. 24 - *Wall wash*, rasgos, pendentes, luz direcionada, luz de passagem. A sala de estar pode transformar-se com diversos cenários. A automação residencial é uma aliada para a valorização desses ambientes.
Ilustração de Thaís Maciel e Ana Paula Zaramella

Capítulo 5 - Os Ambientes e suas Especificidades — 55

Fig. 25 - Sanca invertida com fita de LED nas cortinas, criando um ambiente intimista.
Ilustração de Thaís Maciel e Ana Paula Zaramella

ESCADAS

Todos os degraus da escada devem estar com a mesma visibilidade. Com a eficiência energética do LED, hoje podemos iluminar as escadas corretamente sem muito consumo de energia.

Fig. 26 - Um balizador para cada degrau.

Light+Building - Frankfurt 2012

PAISAGISMO

A iluminação para paisagismo requer principalmente bom senso. Não são feitos cálculos pormenorizados, uma vez que o que se deseja é a valorização de alguns volumes. Obviamente, não podemos deixar de levar em conta fatores, tais como, a temperatura da cor, abertura e alcance do facho de lâmpadas e luminárias. As escadas, entradas e caminhamentos devem ser mais bem iluminados por questão de segurança.

Quando se destaca algum volume, árvore ou escultura, deve-se tomar cuidado para que a fonte de luz não ofusque o observador. Se a luz for colocada à frente do objeto, teremos valorizadas suas cores e texturas. Por outro lado, se a fonte de luz for colocada por trás, conseguiremos uma valorização de seus contornos. Estes destaques podem ser feitos com lâmpadas refletoras halógenas, LEDs ou vapores metálicos. Como cada qual tem características próprias, uma delas deve adequar-se melhor ao projeto.

Postes, minipostes e arandelas colocados no chão ou em muros iluminam uniformemente, ao passo que as luminárias direcionadas oferecerão iluminação de destaque e mais dramática.

É importante lembrar também que se devem separar os comandos para acendimento das luminárias de forma racional. Não é necessário, por exemplo, que todo o aparato fique aceso durante a noite, pois isso influenciaria inclusive no ciclo circadiano de plantas e animais, mas pontos estratégicos devem permanecer acesos para possibilitar o trabalho de vigia. Para essas luminárias, devemos optar por lâmpadas de baixo consumo, como fluorescentes e LEDs.

As luminárias utilizadas em jardim devem ser bem vedadas, uma vez que estarão expostas às intempéries, por isso ao adquiri-las, devemos verificar qual é a sua classificação de IP (índice de proteção).

Quanto à iluminação de piscinas, devemos lembrar que os focos subaquáticos iluminarão o interior da piscina e as mangueiras na borda e entorno apenas destacarão seu formato.

Fig. 27 - Fita de LED contornando a borda da piscina. O efeito é de um espelho d'água.

Ilustração de Thaís Maciel e Ana Paula Zaramella

ESCRITÓRIOS

A iluminação para escritórios requer a elaboração de cálculos luminotécnicos precisos, pois não só a produtividade é importante, mas a saúde dos usuários está diretamente envolvida. As lâmpadas fluorescentes tubulares de alta temperatura de cor são normalmente as mais indicadas.

Usualmente, são solicitados para escritórios níveis de iluminância que variam entre 300 e 500 lux, e para obtermos um bom resultado, teremos que levar em conta o pé direito do ambiente, índices de reflexão dos materiais utilizados, curvas fotométricas das luminárias, fatores de depreciação etc.

Mesmo depois de efetuados os cálculos, podem ocorrer problemas importantes e muito frequentes:

1. A distribuição das luminárias: se o espaço for iluminado uniformemente, isto poderá causar tédio em seus usuários. Podemos modelar a luz com lâmpadas refletoras de LED em alguns locais.

2. Ofuscamento: recomenda-se o uso de difusores de vidro ou acrílico, ou a colocação de grelhas que minimizem os efeitos de ofuscamento e reflexão.

Atenção: As exigências de níveis de iluminância, controle de ofuscamento, índices de reprodução de cores e outras especificações para ambientes de trabalho são descritos na ABNT Nbr ISO/CIE 8995-1.

LOJAS

As lojas de departamento requerem iluminação geral e mais intensa, com destaque apenas para alguns pontos. Usualmente, a temperatura da cor das lâmpadas é mais alta para incentivar maior agilidade nas compras. Já em lojas menores e com conceito de exclusividade, a iluminação será mais pontual e com baixa temperatura de cor, criando, assim, um clima intimista, elegante e aconchegante.

As vitrines devem ser muito bem iluminadas com altos níveis de iluminância. Lâmpadas diferenciadas, trilhos eletrificados, circuitos divididos, tudo isso possibilitará ao vitrinista que ele customize a iluminação.

Não devemos nos esquecer de iluminar nenhum produto exposto na loja, pois **produto não iluminado é produto encalhado!**

O IRC (índice de reprodução de cores) das lâmpadas deve ser o mais alto possível para não distorcer as cores dos produtos, mas sempre levando em consideração o calor emitido.

Os caixas devem ser iluminados com luz difusa e os provadores "venderão" melhor se a luz for indireta.

RESTAURANTES

Os restaurantes *fast-food* necessitam de maiores níveis de iluminância e lâmpadas com temperatura de cor mais alta, pois a rotatividade dos clientes deve ser incentivada.

Já os restaurantes mais finos pedem ambientes com luz e sombra, e lâmpadas que façam lembrar a luz de velas. O aconchego é essencial nesses locais e normalmente, a luz direcionada exatamente sobre as mesas é a mais adequada. O IRC das lâmpadas deve ser de 100 e o facho de luz não deve ultrapassar o diâmetro da mesa. Algum apoio pode vir de arandelas ou sancas.

Já na cozinha, luz farta com alta temperatura de cor. O projeto luminotécnico da cozinha deve atender às normas brasileiras e aos critérios de exigência da vigilância sanitária.

Parâmetros que também devem ser observados na especificação dos tipos de lâmpadas

As lâmpadas fluorescentes e lâmpadas de descarga em geral não devem ser acionadas a todo o momento. Uma vez acesas, devem permanecer assim por algum tempo. Portanto, dispositivos como **minuterias** e **sensores de presença** não devem associar-se a elas. Esses recursos devem ser utilizados em lâmpadas incandescentes, halógenas ou LEDs.

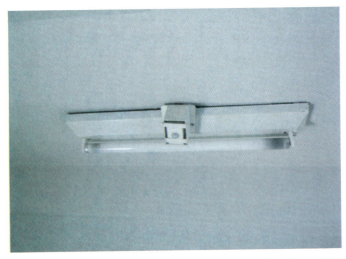

Fig. 28 - O que não se deve fazer: sensor de presença associado à lâmpada fluorescente. A lâmpada vai durar muito pouco e o consumo de energia deverá aumentar.

As **células fotoelétricas** são uma boa opção para as lâmpadas de descarga, uma vez que o acionamento (acendimento ou desligamento) da luminária se dá somente na ausência ou na presença da luz do Sol.

O *dimmer* é indicado para lâmpadas incandescentes e halógenas. Pode-se utilizar para lâmpadas fluorescentes, desde que seja adquirido todo o conjunto específico para este propósito. A dimerização tem sido um recurso extremamente utilizado em ambientes que utilizam a automação na iluminação.

A **temperatura de cor** da lâmpada é outro fator que deve ser observado para uma correta especificação. Ambientes de trabalho e que exijam produtividade devem ter lâmpadas com alta temperatura de cor (brancas) e ambientes que pretendem ser mais aconchegantes devem utilizar lâmpadas com baixa temperatura de cor (amarelas).

Para ambientes onde a reprodução das cores seja relevante, devem-se especificar lâmpadas com elevado **IRC** (índice de reprodução de cores).

EFEITOS

Um bom projeto luminotécnico tem especificações corretas e atende aos níveis de iluminância exigidos. Um excelente projeto luminotécnico, além de tudo isso, lança mão de efeitos que encantam...

A seguir, algumas dicas que podem significar o diferencial de um projeto.

Sancas

São molduras na parede bem próximas ao teto ou cavidades nos tetos de gesso (no mínimo, 40 cm de abertura). Em conjunto com lâmpadas fluorescentes tubulares ou fitas de LED colocadas em seu interior, resultam em uma linha contínua de luz.

Usando o teto como refletor, produzem uma luz indireta e agradável.

Fig. 29 - Quanto mais larga for a abertura no teto, mais área teremos para rebater a luz.
Ilustração de Thaís Maciel e Ana Paula Zaramella

Sanca invertida

A sanca invertida joga a luz para as paredes. O gesso do teto é interrompido antes de chegar à parede e pela cavidade, sai a luz. É um efeito agradável, mas muito suave e não deve ser usado como iluminação geral.

Fig. 30 - Sanca invertida usando a parede como anteparo.

Fig. 31 - Sanca invertida usando a cortina como anteparo.
Ilustração de Thaís Maciel e Ana Paula Zaramella

Rasgos

São como pequenas sancas no teto, porém, como a cavidade para a saída de luz é bem menor (entre 15 e 20 cm), não proporcionam muita iluminação e necessitam de outras fontes de luz para apoio, no caso de precisar de maiores níveis de iluminância.

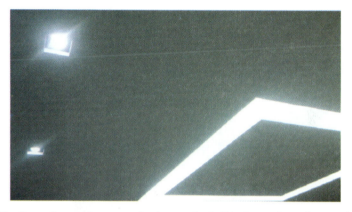

Fig. 32 - Rasgo formando um quadrado na sala de TV e lâmpadas refletoras de LED direcionadas para as paredes.

Fig. 33 - Rasgo à esquerda criando um clima intimista para a sala de jantar.
Ilustração de Thaís Maciel e Ana Paula Zaramella

Wall wash

Luminárias embutidas no teto, bem próximas à parede (15 cm, no máximo), com lâmpadas refletoras direcionadas para o chão. A luz "lava" a parede e é possível ver as ogivas de luz geradas refletidas na parede.

Este é um efeito que valoriza as superfícies verticais ou os elementos colocados nessas superfícies, tais como, quadros, painéis, texturas, papéis e plotagens.

Um pequeno recuo no gesso do teto próximo à parede ajuda a diminuir os ofuscamentos.

Fig. 34 - *Wall wash* com lâmpadas refletoras de pequena abertura de facho.

Contraluz

Quando a fonte de luz é colocada por trás, temos a valorização dos contornos e isto cria efeitos dramáticos e belíssimos.

Fig. 35 - Escada do NH Danube City. - Viena - Áustria

Backlight

Normalmente, feito com lâmpadas fluorescentes tubulares ou fitas de LED colocadas por trás de materiais translúcidos, como vidro jateado, acrílico leitoso, lonas de PVC tensionáveis ou pedras, como ônix e mármore branco.

Fig. 36 - Fita de LED por baixo do mármore da lareira.

Fig. 37 - *Backlight* formando pórticos nas entradas dos elevadores.

Andel's Hotel - Praga - República Tcheca

Sistema RGB

Com a possibilidade de dimerização e o gerenciamento da automação, podemos conseguir a partir de lâmpadas nas cores vermelha (*red*), verde (*green*) e azul (*blue*) qualquer outra tonalidade de cor, pois estas são as cores de luz primárias.

A luz se torna um elemento de vida e movimento, criando sensações e despertando emoções.

Capítulo 5 - Os Ambientes e suas Especificidades — 67

Fig. 38 - *Grand-Place* de Bruxelas - Patrimônio Mundial da UNESCO.

Sistema RGB com tecnologia LED

Facho assimétrico

Muitas vezes, podemos iluminar tão somente as paredes, deixando livre de luz e ofuscamento o restante do ambiente. As luminárias de facho assimétrico são principalmente indicadas para a iluminação de planos verticais.

Fig. 39 - A mesa permanece na sombra enquanto a parede é iluminada.
Cervejaria Devassa Lourdes - Belo Horizonte

Grand-Place de Bruxelas - Patrimônio Mundial da UNESCO

CAPÍTULO 6

DESTAQUES - MODELAGEM DA LUZ

Dependendo da direção da luz proveniente de lâmpadas refletoras, podemos ter efeitos diversos na modelagem do objeto. Eis alguns exemplos:

LUZ FRONTAL

Dá maior visibilidade ao objeto inteiro e como cria poucas sombras, não valoriza as texturas.

Fig. 40 - Escultura em aço de Isolda Couto.

LUZ DE 45°

É discreta e acentua o efeito tridimensional do objeto, evidenciando sua textura.

Fig. 41 - Escultura em cerâmica de Isolda Couto.

LATERAL DE 90°

Evidencia só um lado do objeto enquanto o outro fica escuro.

Fig. 42 - Escultura em aço e cerâmica de Isolda Couto.

DE CIMA

É a direção da luz natural e por ser a direção do Sol, como consequência dá um aspecto mais natural.

Fig. 43 - Escultura em cerâmica de Isolda Couto.

DE BAIXO

As sombras projetadas deformam o objeto, criando um efeito dramático e surrealista.

Fig. 44 - Escultura em aço e cerâmica de Isolda Couto.

CONTRALUZ

Evidencia apenas o contorno do objeto.

Fig. 45 - Escultura em aço e cerâmica de Isolda Couto.

Escultura em cerâmica de Isolda Couto.

CAPÍTULO 7

PROJETOS LUMINOTÉCNICOS

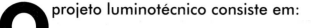

O projeto luminotécnico consiste em:

- Planta luminotécnica: mostra a posição e a especificação de lâmpadas e luminárias no projeto. Sua simbologia ainda não é normatizada, por isso podemos usar símbolos diferenciados para fazer as representações. O importante é que a legenda contenha os mesmos símbolos que aparecem na planta.

- Planta de setorização de comandos elétricos: é uma sugestão para a posição dos comandos elétricos (tomadas e interruptores) no projeto elétrico. Neste caso, a simbologia segue as normas do projeto elétrico.

- Planta de gesso (ou planta de teto) e cortes: mostram os detalhes do rebaixo de gesso. Quanto aos cortes, podemos mesmo chamá-los de seções de corte, uma vez que só é mostrada uma "fatia" do gesso, e não o corte arquitetônico completo.

Apresentação e simbologia

A seguir, a apresentação do projeto luminotécnico de um quarto de casal.

82 — Dicas Preciosas em Iluminação

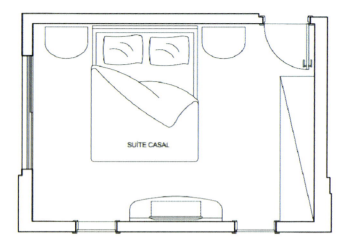

Fig. 46 - Layout de um quarto de casal.
Ilustração de Thaís Maciel e Ana Paula Zaramella

Fig. 47 - Vista superior.
Ilustração de Thaís Maciel e Ana Paula Zaramella

Capítulo 7 - Projetos Luminotécnicos — 83

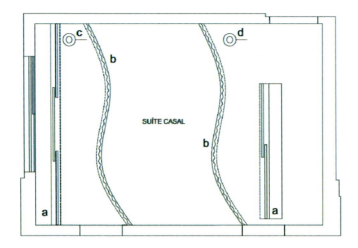

LEGENDA			
SÍMBOLO	LUMINÁRIA	LÂMPADA	POTÊNCIA
▬▬▬	SUPORTE PARA SANCA	FLUORESCENTE TUBULAR	28 W
─◉─	PENDENTE	HALÓGENA	40 W
～	FITA DE LED	LED	7 W / m

Fig. 48 - Planta luminotécnica.
As letras minúsculas indicam os comandos das luminárias. Todas as luminárias ainda precisam ter seu posicionamento registrado na planta através de cotas.
Ilustração de Thaís Maciel e Ana Paula Zaramella

84 — Dicas Preciosas em Iluminação

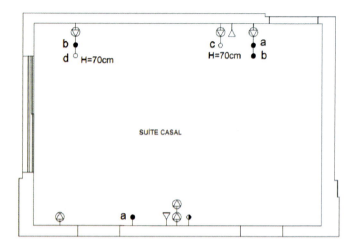

Fig. 49 - Planta de setorização dos comandos elétricos.
As letras minúsculas indicam as teclas do interruptor que acionam as luminárias.
São apenas sugestões, pois o projeto elétrico será elaborado pelo engenheiro eletricista.
Ilustração de Thaís Maciel e Ana Paula Zaramella

Capítulo 7 - Projetos Luminotécnicos — 85

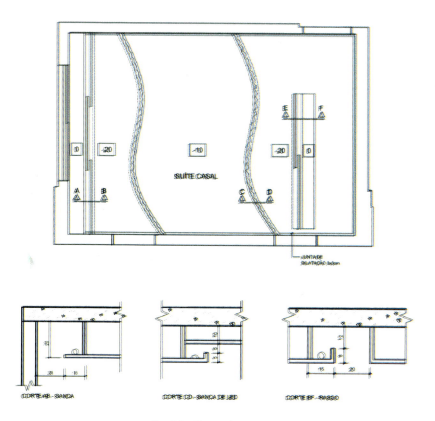

Fig. 50 - Planta de gesso.
Nos retângulos, temos os níveis do gesso em relação à laje superior.
Ilustração de Thaís Maciel e Ana Paula Zaramella

86 — Dicas Preciosas em Iluminação

Detalhamentos - sanca vertical

Fig. 51 - Iluminação com lâmpadas fluorescentes tubulares em sanca vertical com painel em madeira.
Ilustração de Thaís Maciel e Ana Paula Zaramella

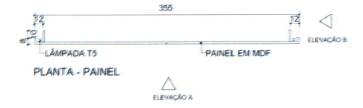

Fig. 52 - O painel é preso à parede, que também é revestida de madeira. Ilustração de Thaís Maciel e Ana Paula Zaramella

Capítulo 7 - Projetos Luminotécnicos — 87

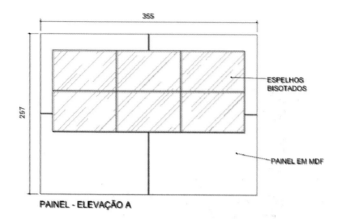

Fig. 53 - Espelhos fixados à frente do painel.
Ilustração de Thaís Maciel e Ana Paula Zaramella

Fig. 54 - A iluminação com fluorescentes tubulares T5 fica escondida nas laterais.
Ilustração de Thaís Maciel e Ana Paula Zaramella

88 — Dicas Preciosas em Iluminação

Detalhamentos - luz direcionada

Fig. 55 - Iluminação direcionada embutida no teto.

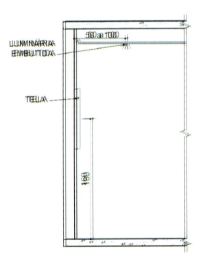

Fig. 56 - O afastamento da luminária em relação à parede pode ser de 50 cm a 100 cm para um pé direito normal.
Ilustração de Thaís Maciel e Ana Paula Zaramella

Detalhamentos - nichos

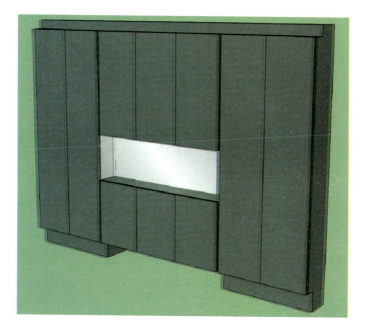

Fig. 57 - A iluminação interna em móveis, prateleiras e nichos deve estar à frente e bem escondida.
Ilustração de Thaís Maciel e Ana Paula Zaramella

Fig. 58 - Com a fita de LED posicionada à frente, o objeto colocado no nicho será bem visualizado e a fonte de luz não ficará aparente.
Ilustração de Thaís Maciel e Ana Paula Zaramella

Ilustração: Thais Maciel e Ana Paula Zaramella

Conclusão

Capítulo 8 - Conclusão

O projeto luminotécnico é o resultado de uma série de escolhas feitas de acordo com as demandas do cliente. Temos à nossa disposição no mercado infinitas opções em luminárias, lâmpadas e acessórios que serão especificados com base na adequação entre técnica e necessidades do cliente.

Vejamos um exemplo:

Meu cliente precisa realçar um objeto e para isso, eu sei que devo especificar uma lâmpada refletora. Mas eu tenho lâmpadas refletoras de diversos tipos, qual escolher???

Baseando-me na lista de necessidades do cliente, posso acertar melhor na escolha:

a) A eficiência energética é essencial: refletoras de LED ou vapor metálico;

b) Preciso de alta fidelidade na reprodução de cores: refletoras halógenas;

c) Não posso ter calor sobre o objeto: refletoras de LED;

d) O objeto é de cristal lapidado e preciso ressaltar seu brilho: refletoras halógenas;

e) O objeto está muito distante da fonte de luz e preciso de altos pacotes de luz para realçá-lo: refletoras de vapor metálico;

f) Preciso de dimerização: refletoras halógenas ou de LED;

g) A lâmpada ficará acesa por longos períodos: refletoras de LED ou vapor metálico;

h) A lâmpada será associada ao sensor de presença: refletoras halógenas ou de LED.

Como sabemos, a sequência de projetação deve seguir os seguintes critérios:

1) *Briefing* para montar a lista de necessidades do cliente e contato com o espaço;

2) Qual é o clima desejado no ambiente;

3) Que tipo de lâmpada e/ou luminária pode criar esse clima;

4) Pesquisa de mercado para procurar lâmpadas, luminárias e acessórios que se adéquem à proposta do projeto e às demandas do cliente;

5) Levantamento dos dados técnicos das lâmpadas e luminárias escolhidas;

6) Projetação que inclui plantas, memorial, orçamentos etc.;

7) Execução;

8) Verificação.

Seja qual for o tipo de cliente ou projeto, não deixe de cumprir a última etapa: a verificação. Observando os resultados do seu projeto, você terá parâmetros para repetir ou não algumas soluções de iluminação. Tenha humildade para assumir e corrigir algo que não deu certo, pois como humanos, estamos todos sujeitos a isso e corrigindo, estaremos cada vez mais perto do sucesso profissional...

Fibras óticas com efeito de céu estrelado

FIGURAS

Capítulo 9 - Figuras — 101

As marcas mostradas no livro são de uso meramente ilustrativo, com o intuito apenas para fins editoriais em benefício exclusivo do dono da marca registrada.

Fig. 1		
	Espectro visível.	
Ilustração	Thaís Maciel e Ana Paula Zaramella	

Fig. 2		
	Backlight com diferentes temperaturas de cor. Da esquerda para a direita: 5.000K, 4.000K e 3.000K.	
Ilustração	Thaís Maciel e Ana Paula Zaramella	

Fig. 3		
	No centro, luminárias com vidros jateados que funcionam como difusores.	
Ilustração	Thaís Maciel e Ana Paula Zaramella	

Fig. 4		
	Iluminação direcionada aos quadros com lâmpadas halógenas refletoras.	
Foto	Cervejaria Devassa Lourdes – Belo Horizonte Flávia Bizzotto	

Fig. 5		
	Iluminação sob o tampo do balcão do bar com fita de LED.	
Foto	Cervejaria Devassa Lourdes – Belo Horizonte Flávia Bizzotto	

102 — Dicas Preciosas em Iluminação

Fig. 6	
	Exemplo de curva fotométrica de luminária.
Ilustração	Thaís Maciel e Ana Paula Zaramella

Fig. 7	
	Lâmpada incandescente comum.
Ilustração	Thaís Maciel e Ana Paula Zaramella

Fig. 8	
	Lâmpada fluorescente tubular.
Ilustração	Thaís Maciel e Ana Paula Zaramella

Fig. 9	
	Showroom da Erco na Alemanha - a maior parte da produção é de luminárias com tecnologia LED.
Foto	Flávia Bizzotto

Fig. 10	
	Componentes do LED.
Ilustração	Thaís Maciel e Ana Paula Zaramella

Fig. 11	
	As fitas de LED permitem a construção de luminárias flexíveis. - *Light+Building* - Frankfurt - 2012
Foto	Flávia Bizzotto

Fig. 12	
	Papel de parede de LED de Ingo Maurer. - *Light+Building* - Frankfurt - 2012
Foto	Flávia Bizzotto

Fig. 13

Ilustração | Componentes do OLED.
Thaís Maciel e Ana Paula Zaramella

Fig. 14

Foto | A "pilha" orgânica, incluindo os eletrodos, é geralmente inferior a 1 mm de espessura. - Euroluce - Milão 2013
Flávia Bizzotto

Fig. 15

Foto | Unidades de OLED (duas apagadas e uma acesa) da OSRAM. - Light+Building - Frankfurt - 2012
Flávia Bizzotto

Fig. 16

Foto | Luminária de OLED da PHILIPS. - Light+Building - Frankfurt - 2012
Flávia Bizzotto

Fig. 17

Foto | Fibras óticas com efeito de céu estrelado também fazem sucesso sobre as banheiras.
Flávia Bizzotto

Fig. 18

Ilustração | Iluminação indireta e dimerizável para o relaxamento e direta/difusa para o trabalho.
Thaís Maciel e Ana Paula Zaramella

Fig. 19
Luz difusa e divertida através de tondas (embutidos circulares com diâmetros diferenciados).
Ilustração   Thaís Maciel e Ana Paula Zaramella

Fig. 20
O pendente libera o espaço sobre a mesa de cabeceira.
Ilustração   Thaís Maciel e Ana Paula Zaramella

Fig. 21
A luminária articulável atende à cama ou à mesa de estudos.
Ilustração   Thaís Maciel e Ana Paula Zaramella

Fig. 22
Luz indireta e suave através de rasgos no gesso.
Ilustração   Thaís Maciel e Ana Paula Zaramella

Fig. 23
Mais de um lustre sobre a mesa, elegante e sofisticado.
Ilustração   Thaís Maciel e Ana Paula Zaramella

Fig. 24
Wall wash, rasgos, pendentes, luz direcionada, luz de passagem. A sala de estar pode transformar-se com diversos cenários. A automação residencial é uma aliada para a valorização desses ambientes.
Ilustração   Thaís Maciel e Ana Paula Zaramella

Capítulo 9 - Figuras — 105

Fig. 25

	Sanca invertida com fita de LED nas cortinas, criando um ambiente intimista.
Ilustração	Thaís Maciel e Ana Paula Zaramella

Fig. 26

	Um balizador para cada degrau. - *Light+Building* - Frankfurt - 2012
Foto	Flávia Bizzotto

Fig. 27

	Fita de LED contornando a borda da piscina. O efeito é de um espelho d'água.
Ilustração	Thaís Maciel e Ana Paula Zaramella

Fig. 28

	O que não se deve fazer: sensor de presença associado à lâmpada fluorescente. A lâmpada vai durar muito pouco e o consumo de energia deverá aumentar. -
Foto	Flávia Bizzotto

Fig. 29

	Quanto mais larga for a abertura para o teto, mais área teremos para rebater a luz.
Ilustração	Thaís Maciel e Ana Paula Zaramella

Fig. 30

	Sanca invertida usando a parede como anteparo.
Foto	Flávia Bizzotto

Fig. 31	
	Sanca invertida usando a cortina como anteparo.
Ilustração	Thaís Maciel e Ana Paula Zaramella

Fig. 32	
	Rasgo formando um quadrado na sala de TV e lâmpadas refletoras de LED direcionadas para as paredes.
Foto	Flávia Bizzotto

Fig. 33	
	Rasgo à esquerda criando um clima intimista para a sala de jantar.
Ilustração	Thaís Maciel e Ana Paula Zaramella

Fig. 34	
	Wall wash com lâmpadas refletoras de pequena abertura de facho.
Foto	Flávia Bizzotto

Fig. 35	
	Escada do NH Danube City. - Viena - Áustria
Foto	Flávia Bizzotto

Fig. 36	
	Fita de LED por baixo do mármore da lareira.
Foto	Flávia Bizzotto

Capítulo 9 - Figuras — 107

Fig. 37

	Backlight formando pórticos nas entradas dos elevadores.
	Andel's Hotel - Praga - República Tcheca
Foto	Flávia Bizzotto

Fig. 38

| | *Grand-Place* de Bruxelas - Patrimônio Mundial da UNESCO. |
| Foto | Sistema RGB com tecnologia LED. - Flávia Bizzotto |

Fig. 39

| | A mesa permanece na sombra enquanto a parede é iluminada. |
| Foto | Flávia Bizzotto |

Fig. 40

| | Escultura em aço de Isolda Couto. |
| Foto | Andréa Ferreira |

Fig. 41

| | Escultura em cerâmica de Isolda Couto. |
| Foto | Andréa Ferreira |

Fig. 42

| | Escultura em aço e cerâmica de Isolda Couto. |
| Foto | Andréa Ferreira |

Fig. 43
Escultura em cerâmica de Isolda Couto.
Foto — Andréa Ferreira

Fig. 44
Escultura em aço e cerâmica de Isolda Couto.
Foto — Andréa Ferreira

Fig. 45
Escultura em aço e cerâmica de Isolda Couto.
Foto — Andréa Ferreira

Fig. 46
Layout de um quarto de casal.
Ilustração — Thaís Maciel e Ana Paula Zaramella

Fig. 47
Vista superior.
Ilustração — Thaís Maciel e Ana Paula Zaramella

Fig. 48
Planta luminotécnica.
As letras minúsculas indicam os comandos das luminárias.
Todas as luminárias ainda precisam ter seu posicionamento registrado na planta através de cotas.
Ilustração — Thaís Maciel e Ana Paula Zaramella

Fig. 49	
	Planta de setorização dos comandos elétricos
	As letras minúsculas indicam as teclas do interruptor que acionam as luminárias.
	São apenas sugestões, pois o projeto elétrico será executado pelo engenheiro eletricista.
Ilustração	Thaís Maciel e Ana Paula Zaramella

Fig. 50	
	Planta de gesso.
	Nos retângulos, temos os níveis do gesso em relação à laje superior.
Ilustração	Thaís Maciel e Ana Paula Zaramella

Fig. 51	
	Iluminação com lâmpadas fluorescentes tubulares em sanca vertical com painel em madeira.
Ilustração	Thaís Maciel e Ana Paula Zaramella

Fig. 52	
	O painel é preso à parede, que também é revestida de madeira.
Ilustração	Thaís Maciel e Ana Paula Zaramella

Fig. 53	
	Espelhos fixados à frente do painel.
Ilustração	Thaís Maciel e Ana Paula Zaramella

Fig. 54

A iluminação com fluorescentes tubulares T5 fica escondida nas laterais.

Ilustração — Thaís Maciel e Ana Paula Zaramella

Fig. 55

Iluminação direcionada embutida no teto.

Foto — Thaís Maciel

Fig. 56

O afastamento da luminária em relação à parede pode ser de 50 cm a 100 cm para um pé direito normal.

Ilustração — Thaís Maciel e Ana Paula Zaramella

Fig. 57

A iluminação interna em móveis, prateleiras e nichos deve estar à frente e bem escondida.

Ilustração — Thaís Maciel e Ana Paula Zaramella

Fig. 58

Com a fita de LED posicionada à frente, o objeto colocado no nicho será bem visualizado e a fonte de luz não ficará aparente.

Ilustração — Thaís Maciel e Ana Paula Zaramella

Tabela 1 — Comparativo entre as diversas fontes de luz.

Ilustrações — Thaís Maciel e Ana Paula Zaramella

Percepção Visual Aplicada a Arquitetura e Iluminação

Autor: *Mariana Lima*

200 páginas
1ª edição - 2010
Formato: 15,5 x 22,5 - Cor
ISBN: 978-85-7393-891-3

Este livro apresenta como a teoria da Gestalt pode ser aplicada em projetos de arquitetura e iluminação. Mostra como as formas e volumetrias de edifícios e ambientes atraem o observador e como a luz, seja ela natural ou artificial, é a personagem principal na percepção visual.
Para que o leitor não tenha dificuldades em compreender a relação existente entre a percepção visual e a arquitetura/iluminação, os primeiros capítulos deste trabalho levam de forma clara, informações da área da psicologia à profissionais de todas as áreas que se interessam por arquitetura e iluminação.
Os capítulos seguintes mostram como é possível aplicar os conceitos da percepção visual sob a luz da Gestalt em projetos de arquitetura e iluminação. Com uma linguagem direta e de fácil compreensão, explica por que determinados edifícios e espaços arquitetônicos são considerados como agradáveis e outros não. A leitura do livro facilitará estudantes e profissionais das diversas áreas a utilizar as teorias da percepção visual como ferramentas para a concepção de seus projetos.

À venda nas melhores livrarias.

Luz, Lâmpadas e Iluminação

Autor: Mauri Luiz da Silva

160 páginas
3ª edição - 2004
Formato: 16 x 23
ISBN: 85-7393-309-7

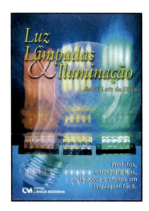

O gaúcho de Porto Alegre, Mauri Luiz da Silva, neste seu livro, aborda o tema da iluminação. Originalmente um poeta, já com livro publicado e sucesso de vendas, o autor fala desta vez sobre um assunto tão importante na vida atual: a luz, que em alguns de seus efeitos, resulta de grande sensibilidade. Além de uma fonte de consultas para profissionais de iluminação, estudantes de engenharia, arquitetura entre outros cursos técnicos, pode e deve ser lido também por toda e qualquer pessoa que se interessa pelo tema. As informações aqui registradas, bem como as dicas e esclarecimentos, são muito interessantes tanto para quem quer fazer um grande projeto de iluminação, como para quem quiser simplesmente iluminar adequadamente sua residência.

À venda nas melhores livrarias.

Iluminação
Simplificando o Projeto

Autor: Mauri Luiz da Silva

176 páginas
1ª edição - 2009
Formato: 16 x 23
ISBN: 978-85-7393-791-6

O Projeto de Iluminação, explicado de forma didática sempre foi algo muito procurado pelos que trabalham com a luz. Totalmente colorido, neste livro você encontra Dicas, macetes, orientações e muitas informações de como fazer um bom projeto de iluminação fazem a parte fundamental deste quinto trabalho literário e o segundo sobre o tema. Como no seu livro anterior, Luz, Lâmpadas & Iluminação, best-seller e precursor sobre o assunto, Mauri Luiz da Silva consegue nos colocar no caminho da luz, e novamente com a característica principal de sua obra, a linguagem acessível, onde a leitura flui de forma natural e motivadora. De estudantes aos mais renomados projetistas, todos encontrarão informações importantes neste livro, pois como sempre fala Mauri: Quanto mais se aprender sobre a iluminação, melhor, pois sendo matéria ainda relativamente nova no Brasil, tudo soma positivamente, sejam cursos, palestras, revistas ou livros. Iluminação – Simplificando o Projeto passa a ser fonte de consulta indispensável nessa busca incessante de informações sobre a LUZ e seus efeitos.

À venda nas melhores livrarias.

Impressão e Acabamento
Gráfica Editora Ciência Moderna Ltda.
Tel.: (21) 2201-6662